사진_ 김경주

둥근 진동

애지시선 046

둥근 진동

2012년 12월 21일 초판 1쇄 발행

지은이 조성국
펴낸이 윤영진
편 집 함순례
디자인 함광일 이경훈
홍 보 한천규
펴낸곳 도서출판 애지
등록 제 2005-5호
주소 300 -170 대전광역시 동구 삼성동 125-2 4층
전화 042 637 9942
팩스 042 635 9941
전자우편 ejiweb@hanmail.net

ISBN 978-89-92219-41-9 03810

* 이 책은 2010년도 서울문화재단 창작기금을 받았습니다

애지시선 046

둥근 진동

조성국 시집

□ 시인의 말

죄송하다

또 시의 집을 짓게 되었으니,

부실투성이 시들께 미안할 따름이다

그래도 마음 가는 게 이것뿐이니 어쩌랴

2012년 겨울

조성국

차례

제2부

제3부

제4부

제1부

빛살

바닥 모를 깊이의 공동우물
낡삭은 골함석지붕을 덮는
은행나무 이파리 사이로 환등기 켜듯
뻗치는 사선의 부채살 광채를
앳된 자라가
빼꼼히 주둥이 내밀어 날름 받아먹다 말고
으슥한 바닥까지 끌고 간다
천상이 가 닿는 그 통로
엽락의 이끼 떼가
찰박찰박 박수갈채 쳐대는 우물을 이고 오는
어매의 동잇물처럼
찰랑찰랑 헝클어신 나의 생각을 헹구어내며
길을 나서곤 했다

둥근 진동

물의 결이 둥그렇게
열린다 가만한 명지바람에도
날리는 질량이
겹겹이 커지며 번진다
번져서 가라앉은 것인지
금세 가뭇없어진
나뭇잎의 물방울 하나에도
제 무게에 겨운 몇 굽이 생애가
잔잔히 주름져서
매달려 있던 것이다 이윽고
실낱의 줄금은커녕 티 한 점 없이
가득한 바닥이
한 생애의 진동을 받아 뉘고는
파문을 닫는다

갈대의 순정

좌우간 바람이 불어오면
잠시 몸 젖혀
지나갈 길 열어주겠다
그렇게 휘어진 채 모대기었다가
오늘도 살얼음 물길 열심히 헤쳤다며
새빠알가니 언 물갈퀴
새끼 청둥오리를 깃들이겠다
갈꽃 보료 푹신 깔아
그 어미 또한 잠결에도
시시각각 밤물결 나직이 헤치는
감때사나운 삵괭이 발소리를
대번 눈치 채게 하겠다

이런 소요

오불꼬불 자드락길 접어들자
날짐승 소리 귀 안 가득 차오른다
대낮에는 보이지 않던 것들
어둑신한 산책길에서 들으니 새삼 청량하다
군락의 활엽수 잎 사이로 월색이 물들어
가풀막 오르는 발걸음 무척 가볍다
솔부엉이 올빼미 큰소쩍새
목청 큰 울음 사이사이에서
들리지 않던 날벌레 소리 그들먹하다
문득 이 길이
들릴 듯 말 듯 사운거린 울음들이
드나들던 통로라 여겨진다
한량없이 울어 예는
야행성 맹금류의 사연을 익히 새겨듣는 동안
수없이 내게 찾아왔다가 되돌아갔던
날벌레 소리들, 가등街燈에 부딪쳤다가
바닥에 새까맣게 떨어지기도 했던 울음들이

크게 들린다 밤공기 한껏 들이켜니
숨길 따라 충만한 달빛이 심장의 박동을
일으킨다 더께 낀 피와 살에도
두루 돌아다니며 푸르딩딩 내뻗치는 이런
소요가 가끔은 있어도 괜찮겠다

봇도랑이 긴 까닭

살갗에 소름이
소스락소스락 돋는다
털 한 오라기조차 귀찮은
복중에도 엄청 차가워서
잔다란 어족 한 마리 없는 우물
봇도랑만 길다
내리받이 행길 가를
죄다 에돌고 에돌아서 뼘치의
불미나리 사이로 비껴든 햇볕에
데워진 듯 유순해지고서야
어린모 논에 들던
우물의 임자를 나는 안다
귀밑머리 하얗게 매병 났어도
뒤란 요강에 밤새 삭힌
제 소피를 남새밭에 철철 붓던
시암실댁이란 그 여자
자궁에서 흘러나온 나는

어디만큼 휘돌고 있는 것이어서
여태 차가운 것이냐

귀로

산그늘 이울던 어스름 들길이
괜스레 흐뭇하다 이리 고부라지고
저리 꼬부라져서 때론 구절초같이
쓰고 때론 감국처럼 어여쁘다
어여쁘기로 하다면 오곡의
종자를 품은 꽃만큼 귀한 것이 어디
또 있으랴 물끄러미 저 그들먹한 들녘
황숙기 나락에 눈길이 간다
노인이 먹던 저를
나락도 똑같이 노인을 먹고 살았으니
노인도 곡식인 셈이다 그무러진 먼발치께서
쏙독새가 귓속을 넓혀오는 여기를
한 뉘 오갔어도 늘 초행 같은 길
혼자 걷는단 생각이 들라치면 문득
누군가 부른 것 같아
살짝 뒤돌아보면 또 들길
집으로 가는 길이 공손하게 허리를 꺾는다

이맘때쯤 하늘 모서리께의
등뼈 흰 달빛도 큼지막해져서 한층
더 넓게 길을 열어준다

염주마을 趙씨 집안의 농사

굳이 농사라고 할 것도 없는
하늘바래기다랑이에
한번 허리 구부리고 펼 줄 몰랐다
엇부루기 고삐 잡듯 붙들고
또 며칠을 해종일 견디겠다는 듯
긁고 일구고 오목조목 파종해선
싹 틔우고 김매면서도
눈과 귀 바짝 세워
하 맑은 산 아래 절간 범종 소릴 다 듣고
극락전 연못의 수련 피는 소리까지
죄다 눈여겨보는 趙씨 집안의
대대로 내려온 농사에
내 깐엔 공손히 고개 수그리고
무심코 흘린 어린 자식들의 밥풀까지도
어김없이 주워 먹고는 했다

본분에 대하여

피지 때 오른 정자의
퇴침이거나 부사리 콧김 받아
윤나는 물푸레나무 코뚜레나
벼이삭 밑둥치 싹둑 잘라내는
손때 밴 조선낫 자루나
허리 꼬부장한
당목 치마저고리의 주름을 펴는
인이 박힌 다듬잇방망이거나
저마다 제자리에서 빛나는
빛들은 박혀 있나니
니도 본디 그와 같이 쩔어
반들반들 새까맣게 빛나는 것이라서
모르긴 몰라도 세상을 뒤집는
한번은 요긴하게 쓰일 작정이라서
잠자코 낡으며 닳아진다는 건
그리 대수롭지도 않는 일이겠다

수월水月

달 보며 오살나게 짖어대자,

굴리고 밟고 물어뜯어
찌그러뜨린
자칫 발로 찰 뻔한 양은그릇을
잘 헹구더니
우물물을 떠 가져줍니다

능수버들 늘어지고
연꽃 향 그득한 호수에나 뜬
찰박찰박 핥고 핥아
더욱 말간,

세상모르게 고즈넉한 이 저녁
지상의 숨구멍 같은

달 하나를 엄니는 따와 개밥그렁에
가득 채워줍니다

보름

논배미에 잠긴 산 그림자가 이울자, 흑칠백장이 서둘러 밑줄 긋듯 물살을 헤쳐 갑니다

그새 그 뉘가, 그걸 다 읽고 자취도 없는 걸 새겼는지, 또 한 번 논물 속의 산 그림자가 아주 선명합니다

윤슬

살그머니 밀려와
일렁이던 윤슬이 긋고 간
줄무늬의 금
도린곁 산기슭에서
말끄러미 지켜보면 극명하다
썰물이 지고서야
바닥 깊이를 드러내듯
손바닥 살갗도
썰물 뒤 개펄과도 같아서
한 번쯤 멀리 밀쳐두고
손금 보듯이 낱낱이 살피면
밀어냈다, 끌어당기고
끌어당겼다, 밀어내는 몸부림의
상처가 엿보이기도 했다
슬그머니 일렁이는
윤슬의 누굴
내 몸에 앉히는 일이

이렇게 물 비린 상처다

섬광

곧 밤이 온다는 것을 안 것일까

해동갑해서쯤이면
붉고 고요한 수면 위로 박차고 솟구쳐 올라
이우는 해의 잔광을
제 몸에 묻혀 바르듯
필사적으로 몸부림친다는 건

켜켜이 조여드는 어둠에 묻혀
어디로 뻗어 있는지조차 가름할 길이 없는
거센 물살을
거슬러야할 고기떼가
등뼈 휘어지게 감전된 듯
배릿하고 파닥거리는 은빛 한순간이 스친다는 건

곧 어두워져
길이 닫힌다는 것을 알고 있다는 것일까

곰솔

기우뚱 솟아오른 암괴에
치렁치렁 매달리는 것 뒤틀리고 꼬이고 욱신거리는
옹이를 진득이 감내하는 것
한사코 나아가되, 곧장 나아가지 않고
삐뚤삐뚤 휘어지며 치솟아가는 되알진 가지의 끝과 같은 것
능각의 모난 벼랑을 넘는
진진초록의 몸부림 같은 것
그렇게 등이 휘곤 하면서도 내딛기만 하면
야물딱지게 발을 받쳐주는데
정작 뚫린 길을 오르면서도 되레 엄살만 떨었으니!

장마

잔솔연기가 이슥히
내깔린다 도리깨질에 박힌 쥐눈콩
일일이 파는데 흙 문 개미가
부리나케 제집 구멍을 막는다
사면팔방 튄 콩알을 냅다 쓸어서
연신 키질하는 어매 눈썹에로
흙먼지가 켜켜이 쌓이고
진드기 바구미만 설치는 뒤란 삼밭
축 늘어진 옥수수 잎사귀에
청개구리 울음이 달랑달랑 시끄럽다
처마 옹색한, 멱이 붉고
등이 검푸른 새의 둥지에서
멍처럼 그무러진 눈두덩으로
노란 마름모꼴 주둥이를 쩌억 쩍 벌리며
먹이각축을 벌이던 새끼 한 마리
떠밀려나는 순간
옥수수 엽축을 뒤흔들며 달려오는

날랜 말발굽소리!

시원

소낙눈 며칠 짓눌린 우듬지를
발그라니 목댕기 두른 꿩이 툭 건드리며 푸르릉 치솟자,
곧추서는 대나무 수풀 사이로
하늘 쪽빛에 닿는 길이 사알짝 열린다
그예 놀란 청설모
쏜살같이 치달려오는 걸 지켜나 본 듯이 굽고 비틀리고 휘어진 채
고스란히 적설의 무게를 버티던 노송이
가장 으늑한 제 생목가지를 이내 꺾었다

제2부

백야

한여름 밤 개울 흐르던
절간 요사의
처마에 들었다가
는실난실 월색 끼없는 소릴
흘금 훔쳐보고 말았다
희고 둥근 그녀를
물푸레나무 이파리가
살짝 가려주었기에 망정이지
하마터면 잿빛 승복을
몽땅 감출 뻔했다

하얀 준동

외떨어지고 오솔하다
삼밭 탱자울 너머
다복한 찔레꽃
싸하니 향기 내뿜자
부추꽃이랑
장다리꽃이랑
덩달아 감자꽃도 저물면서
희디흰 꽃소식들 끼치더니
흰나비 하냥 날아든다

사부자기 흰 머리칼이 돋는지
귀밑머리가 살짝 가렵다

자벌레

박하 향 솔솔 나는 꽃 목울대에서 공연히 외롭고 쓸쓸해도 한 치 하늘 높이 치솟은 미루나무에서도 한 치 맨땅에 넙죽 엎드린 민들레 씨방에서도 한 치 은방울꽃 방에서 연애할 때도 한 치 주린 채 노려보는 어치의 근경에서도 한 치 먹이로 먹힌 그 어치의 실핏줄 속에서도 한 치 적요의 숲 속을 울리며 천상에 가 닿는 어치 울음 속에도 한 치

생가

별바른 장꽝 맡에 세워 널던,
때리면 때리는 대로 제 속엣 것들 죄다 털어주고
캄캄한 아궁이 속의
소슬한 저녁 아랫목을 따뜻이 덥히는
참깻대와도 같이

퇴행성관절염 수술 받고
재활하지 못한 여자와 정년퇴직한 농업선생의 사내가
보청기를 낀 듯
이웃집 능소화
담 너머 와 귀를 쫑긋거리며
먼데 일가집
심부름 다녀온 앳된 발걸음소리를 듣는 거와 같이

갑자기 뒤란 대밭의
양귀비꽃 꺾어먹은 듯 딴 세상에나 온 것처럼 환해지고
싸해지는 배앓이 속과 같이

부삭에 관한 기억

왕겨 가득 돋우어 넣어
그 속 깊숙이 홈통 박고 시르렁스르렁 풀무질해
발갛게 달아오른 가마솥 운두에선
피시식 김이 새어나와 밥물 끓어 넘친다
얼굴이 벌겋게 익듯
줄곧 땀방울 몽글거려서
그만 정지문 열며 나서는데
어느덧 한천寒天의 재래 가옥 마당 귀퉁이에서
밥 냄새 맡고
개걸, 반짝이는 허천뱅이별*

누군가 솥뚜껑 열고 간 흔적을 알면서도 어머니는
부삭 빗장을 걸지 않으셨다

* 개밥바라기의 전라도 방언

비설거지

우리 아버지 찌뿌드드하니
비 올라치면
마당 덕석에 말린 나락 쓸어 담는 엄니의
화급을 다투는 소리 내질러도
우선한 일 계셨다
대빗자루 들고 행하니 뛰쳐가
암암리 쓸어놓곤 하셨다
경각의 임종 길에서까지도 극구 당부하시던
정갈한 일이란
그래봤자, 집안 흉사에 쓸 물건을 쟁여둔 곳간의
뒷마당이거나 엄니가
가끔 쪼그리고 앉아 봉숭앗빛
눈자위를 붉히던 장독의 뒤란이었다

조응

한 짐 가득 지게 진 채
깔끄막 오르다가
작대기 짚고 가쁜 숨 고르듯
오동나무에 들고 났다
중동이 꺾인 채
저 홀로 소리 다듬던
요절한 사내가
필생 찾아 헤맸던 절창의 한 대목
고수 장단 맞추듯
저기 저 절간 풍탁이 울리고
감시르르 엎드려 경의 표하던 산그늘
조릿대 이파리를 스쳐온 바람이
울대삭뼈 세우며
목청 틔우는 그런 날에는
예의 봉분 곁의 배롱나무도
뒤틀리고 꼬인 앉음새를 고쳐 앉으며
석 달 열흘 내내 옹글었다

화안한 떨림

성냥골 같다
망울진 매화나무가
불 켤 채비를 다 한 모양이다
대 그늘진 뒤란이라
화안히 켜지기도 하겠다
내 안에 들어와서
마냥 응달이었던 당신
살면서, 너무 시리고 시리던
불찰만 저질러서
솔직히 다는 말하지 못하였는데
용케 몇 계절 순배 돌듯
돌아와서는
연방 심장 크게 뛰는 아 그런
애틋한 것 며칠
성냥불 켜듯
꽃등 밝혀 오롯해 한 것이니
감사나운 꽃샘 인다 하여도

외려 후더워나겠다

천리향

어느 결에 풍겨온다
이십수 년 좋이 닫힌 여자의
자궁 같은 마당귀
묵은 삼밭 매다
젖은 이마의 땀 훔치며
마른 목젖 축이던 우물에서도
향이 넘쳐난다
마당에서 뒤란으로
코쭝배기를 그냥 킁킁거리며
집 주위 냅다 뛴 흰둥이가
쌩하니 일으킨 바람결에도
흠씬 진동한다
얼마나 아득했으면
이 지극한 향낭을 품었는지
당신과 나 사이
천 리나 먼 길도
서붓서붓 끼쳐 갈 일 금방이겠다

당신 없이도 당신 있는 듯

이만큼 견딘 사연이

자자하겠다

귀띔

저문 하늘 한쪽 편의 달이
먹구름 비킨 틈을 타서 은근슬쩍 내비치자
일군의 새 떼가
왜자기고 몰려다니다
와르르, 내리꽂히듯 쏟아져서는
이내 잠잠하다
입부리 날카로운 올빼미가 되새 떼 숨죽인 대숲 언저리를
한 바퀴 빙 돌며 사라지던 산등성이께
궁둥일 대고
잠깐 걸터앉아 쉬던 달이
간밤 일을 돌이키듯 굽어보고는 되게 흐뭇해하였다

경칩 부근

볕바른 귓불이 오동통하니 붉다 세 살배기 딸애
제 어미의 손을 저만치 뿌리치고
튼싹들 사이
재재바르게 뛰어가는 볕살의 여린 발꿈치를 따라붙다,
풀썩 주저앉은 자리

갓 핀 봉숭아 떡잎을
오물오물 갉아 대는 애벌레의 여릿한 소리에
핑그르르 젖이 돋는 듯

애어미
탱탱해서 바람만 스쳐도 후욱 젖내를 끼치는 제 가슴을
이내 추켜올리며 치달린다

미몽

장닭이 울고
풋잠 깨 등교 가방 찾던
텅 빈 마당 저만치

햇병아리 덮치려는
살쾡이 발소리도
들릴 만하게 오솔한 적막에
눈시울 팽팽해지던

벌 떼 윙윙거리고
서향나무께서
애살포시 풍겨오던 향이
무릎베개 괴어준
귀밑 붉은 누나의 분내 같아
이내 다시 잠들던

마루 옹이구멍 깊숙이

꽈릿빛 별마저 비껴들어

마루 밑에 잠든

검둥개 콧잔등까지

온통 환하던

겨울 숲

울울창창한 나무와 나무
나뭇가지의 사이, 앙상한 틈이 생겼다 가랑잎 지듯 비워진
비운다는 것은 그 뉘가
가시를 품었는지 넝쿨 칭칭 감아 돌며 몸통을 조였는지
검지와 가운뎃손가락 사이 엄지 쑤셔 넣듯 욕을 퍼붓는지 또는 연리지 같은
사랑이 들키기도 하지만
본디 비운다는 것은 시리고 맵찬 일이어서
빈자리로
누군가 끼워줄 간격을 내주는 일이어서
그렇게 빈틈이 많은 나는 볕뉘 비치는 좋은 날도 아주 없진 않았다

제3부

꾀

덜커덕 겁이 일었다 배탈 난 오밤중
귀신 난 옛날이야기 같은 측간에는 못 가고
월색 푸른 마당귀 두엄자리맡에서
옹색하게 볼일 보다말고
희끗희끗 펄럭거리는 빨랫줄 치맛자락에 그만
냅다 질러대고야 말았다
도둑이야!
미처 아랫도리옷 못 다 걸쳐 입고 반라의
어버이가 지겟작대기 찾아들고 쫓아 나왔다

웃음부의賻儀

잘 익은 복숭앗빛같이 빰 붉던
새침데기 계집애
초등학교 때부터 마음속에 들어와선
한 번도 빠져나간 적 없는
고 계집애, 아비가 돌아가셨다
위친계 모임에서나 소식 듣곤 하던
풋정의 얼굴 떠오르자
조문 가는 길이 설레었다
몇십 년만큼의 애틋함이 밀려와서는
영좌의 고인에게 절 올리면서도
힐끗힐끗 곁눈질로 훔쳐보던
일테면 내 꿍꿍이속을 알아차렸다는 듯
외동딸인 그니 대신 상주가 되어
나와 맞절한 남편이 피식 웃었다
신행 왔던 그의 발바닥을 매달아서
유달리도 직싸게 두들겨 팼던 것이
문득 생각나서 덩달아 나도 피식 웃고

또 그걸 본 고 계집애,
저도 괜스레 얼굴을 붉히는 상청
차일 어디선가 화투 패 돌리다말고
누런 뻐드렁니 들어낸 듯
키들거리는 떠들썩한 웃음소리가
참지 못하고 들려왔다

고자질

씻나락 파종하는 할아비의
새참 술 받아오다가
맹랑한 호기심이 발동한 것이다
당고개 세 아름드리 팽나무 뒤에
숨어
한 모금
폐사된 절간 당간지주 뒤에서
또 한 모금
어느 결에 죄다 마시고는 고꾸라져
논고랑에 나자빠지던 통에도
오다가 넘어져 엎질렀다고
생청붙이는데
내 짓거리를 낱낱이 지켜봤던
중천의 햇발이
노루막이께 걸터앉아 발갛게 일러바치자
논 가상 다보록한 자운영도
덩달아서 거드는 거였다

호되게 꿀밤을 엄청 얻어맞고도

해롱해롱 좋았다

상사몽

결가부좌 튼 부처가
실기죽한 눈을 참 묘하게 뜨고 쳐다보는데도
꿈속에까지 불러들였다
돌부처 코를 갉아먹고 생겨났다는 나는
어슷하게 기운 문짝의 절집을 슬쩍 기웃거리며
뒷물 치던
그 물큰하고 탐스러운 것을
아주 잠깐 훔쳐보고도
매번 뜨거워져서
벗어 제긴 웃통을 식히곤 하였는데
구멍이란 구멍을 다 열어젖히고
폭염에 홧홧해졌다가 소나기 맞은 바윗돌의 선각부처
처럼
모락모락 김 피워 올리던 그런 날은
뭐가 하늘과 내통했는지
시나브로 이슬 적시며 긴 꼬릴 단 별이 저물어 내리고
켜켜이 세월의 지층 밑에 묻혀버린

아득한 사춘기 마을에서 살던
유난히 입술 붉은 비구니가
된통 앓던 나의 머리맡을 휑하니 다녀갔다

문광주 씨, 이윽고 득남하겠다

농한기 철마다 오톤 짐차를 몰던
과수원집 늙바리 총각 문광주 씨,
궁색한 혼례를 치렀다 연체 빚까지 물어가며
베트남 여자를 사서 자식도 갖게 돼
대를 잇게 생겼다며 마냥 행복했다
운전석 옆자리에 제 각시 태우고
장거리 야간운행 마다않고 신나게 달렸다
꿀벌 떼 잉잉거리는 도화나무 숲속에 휴게하고
달뜬 감창소리 있던 날은 불그죽죽히
천도 복숭아빛 화색이 감돌더니
건듯하면 제 안의 울음이라곤 있는 대로
다 짜 올리며 술에 곯아떨어지곤 했던 것이
어느덧 삼 년째다 초로가
다 돼 베트남 여자의 몸속에
아이 하나 포도시 심었다가 돌연사해버린
그 늦둥이를 사무쳐하다가
종종 오톤 짐차를 도로 가에

아연히 처박곤 하는 날에는 찌그러진 차체도
짐짓 못 본 체 어물쩍 넘어가주곤 하였는데
속도 없이 베트남 여자는 팽팽한 홍조를 띤 채
조수석에 앉아 장거리 야간운행 채근하며
도화 향을 곧잘 피워냈다

옆

한 눈에도 멀리서 당도했단 걸
알 것 같다 그 절간 어귀
막차에서 내리자마자 사내가
여자의 어깨를 곁듯이 걸음 채비하는 걸 보면
아직 갈 길이 먼 모양이다
조금의 망설임 없이
한 번의
뒤돌아봄도 없이
사내의 부축을 마다한다 여자는
걸음도 없이 두엇 천년이나 흐른 전설마냥
눈코입이 사라지듯
사라질듯 다 닳아도
지속 없이 걸을 태세다 옆구리
옆구리에만 바짝 붙어
북극성 쳐다보며
아득히 멀어져가는, 내가 옆도 없이
이즈막 올랐다 내려와 버린 저문 솔숲의 산등성이

나란히 누워 베고 계신 줄로만 알았던

돌부처 내외의 뒷모습!

꽃살문 고운 내소사 대웅전에 와서

아내가 낀 답사단체 따라
꽃문살 고운 내소사 대웅보전에 갔더니
삼존불 모신 불단 뒷벽 가득히
백의관음좌상이 그려져 있습디다
해설사 설명대로 얼떨결에
그 좌상의 눈을 보고 걸었더니
관음좌상의 눈이 따라온 듯도 하고
또, 전설처럼 그 눈과 마주치면서 소원 빌면
소원이 이루어진다 하길래
냉큼 급조한 소원 하나 빌며 나왔더니 글쎄,
또 다른 소원이 불쑥 생각나지 뭡니까
이미 빌었던 소원을 다시 정정해도 되나 싶어
그 좌상의 문 밖을 기웃기웃
그렇게 내가 기웃거려놓고서는 글쎄,
꽃살문 고운 내소사 대웅보전에 와서
괜히 터무니없는 욕심만 크게 키웠다고
아내 타박만 놓았지 뭡니까

왜가리

벌써 몇 시간째 꿈쩍도
않았다 날개 찰싹 접고 눈 지릅뜬 채
부리를 작살처럼 도사렸다
외발로 꼿꼿이 서서 장맞이하더니
머리 급소를 내리찍었다
홱홱 방향을 바꾸면서
쏜살같이 배 뒤집어
물살 박차고 솟구치는 예측불허의
은빛 날내를 일거에 제압했다
오로지 한순간에만 필요한 힘,
저 힘을 위하여
어깨결리고 무릎관절 욱신거리며
정강이 쥐가 내릴 만큼 버텼겠다
아주 우아하게 누군가의 숨통을 찍기 위해
숨소리조차 가만 눌러 죽이며
부동의 자세를 취했겠다

대면식

농협 빚 얻어 베트남에 가
맞선보고 온 외동아들이
숫처녀증명서까지 발급받았다며
헤벌쭉 인사시키던 여자
낯설지가 않았다 재 당숙뻘
아재는 맹호부대 용사로 파병 가
야자수 정글에서 겁탈하듯
애 배게 해놓고
꼭 다시 돌아오마고 언약하며
귀국선 탔던 부두
흰 아오자이차림의 여자 이름을
하마터면 부를 뻔했다

할미의 육탈

무말랭이고추호박토란대고구마줄기죽순고사리
혹은 간고등어 한 손
해와 달과 바람이 스며들기 좋은 지붕에다 잘도 말려서 잡숫더니
알맞게 말라져서는
고봉밥 채우는 봉분의 밑반찬 걸게 한 상 차려놓고
빨간 관보를 밥보자기 맹키로 덮었다

누굴 그렇게 잘 먹였는지, 당신의 뼈를 꾸들꾸들 말리셨다

까치살무사

우북한 마당 가로질러 가는데
한 자 반쯤 된
세모 대가리가 꼿꼿하다
깜짝 놀란 걸로 치자면
냅다 패대기쳐도 시원치 않을 성싶은데
소름만 오싹 끼쳤다
물린 뒤 일곱 걸음 안에 죽게 된다 해서
칠점사라 불리는
맹독을 익히 보았던지라 주춤했다
일테면 가던 길을
내가 먼저 양보해버린 셈인데
꼼짝 않고 똬리를 튼 채
붉은 혓바닥만 날름거리는 꼴이
저도 소스라치게 놀란 눈치다
아니나 다를까 지겟작대기 알구지를 들이대자
독니로 꽉 깨물고 조여 대는
까치살무사를 대숲에 놓아주고서도

기겁한 가슴은 오래 가라앉지 않는다
발목을 덮는 마당의 풀을 매서
내 길이란 것을 표시라도 해두어야겠다고
맘먹는데 저기 대숲 한 편에서도
마른 대이파리 스치는
살무사 소리가 오싹했다

천묘

문수 정확하다
하얀 각질의 보풀이
제법 두툼하다
발목 젖는 못물에서 더욱 빛나던
갑각의 맨발
저렇게 생생히 달의 광채가 잠긴
둠벙물에 씻으면
뽀드득, 흰 고무신 닦는 소리가
났다 어스름한 들길을
저벅일 때마다 찍힌 발자국의
본을 떠
평생 맞춰주고선
일껏 부리던 들녘
논두렁에 가만히 엎드린 채 숨을 놓던
나락 빛의 하늘 길까지
내처 신고 갔던 신발 한 켤레
할아버지가

비로소 육탈해 벗으셨다

상수리나무葬

상수리나무 한 분 쓰러지고
여러 날 지나고서야 장사를 치렀다
표고버섯이 입과 코와 귀를 틀어막고
개미 떼가 흰 알을 슬며 염했다
진진초록 이끼 수의 위로
가랑잎 관보가 덮인 관을
넝쿨 마삭줄이 질끈 동여맸고
산벚나무가 상여 꽃을 오롯이 틔우자
아지랑이 향촉이 가물가물 피어올랐다
낮새껏 뻐꾹새 문상 와 마냥 서럽더니
밤엔 소쩍새 곡소리 구성졌다
그에게 밥을 얻어먹던 청설모 다람쥐는
하관이 끝나가도 여직 오질 않고
누군가 떡갈나무 차일 친 숲길을
무심코 다져밟고 지날 뿐이다

제4부

본가

새까만 시궁쥐를 삼킨 황구렁이
등허리를 빛내며 똬리 틀듯
귀살스럽게 배부른 황혼의 고요가 뱃구레 깔고 숨을 몰아쉬었다
수십 통의 압류통지서가 겹쌓인 채 녹슨 우편함에는
박새 내외가 둥지를 틀어 새끼를 치고는
번갈아 먹이를 물어 나르며 구순한데
켜켜 그을음 묻은 부엌의 찬 부뚜막에 앉아 쉰밥 먹다 체한 손가락 끝을 따듯
뒤란 대밭 저 홀로 큰 앵속갓만 깜박 붉었다

어버이의 잠

쌀자루나 고구마차대가 쌓여있기 일쑤여서
발을 쭈욱 뻗을 데라곤 없는 초가 방에 열두 식구가
누우려면 서로 엇갈려 눕는 게 상수다
몸에 둘러붙은 살갗인 듯
퍽이나 금실 좋은 어버이도
반대편으로 누워 잠드셨다 막둥이까지 다 커 솔가한 지금도
아버지가 머리를 남향에 내려놓으시면
어머니는 머리를 북쪽으로 내려놓고 잠이 드신다
내 생애보다도 훨씬 오래인
이 가궁한 잠을 드셔야만 편안해 하신다

등뼈

살점 두툼한 감자탕의 돼지 등뼈를
뜯었다 뼈와 뼈 사이,
뼛골도 쪽쪽 빨았다
덜 뜯긴 살점까지 발라 먹었다
그러면서도 기름기 자르르한 입술은 더 먹겠다고 졸라
댔다

등뼈가 싸하니 욱신거리며
아비를 착취한 기억이 새록새록 애린다

아내의 잠

발목에도 차지 않는 강동한 헌 바지의
어린 새끼 셋 가지런히 눕히고
그녀는 모로 누워
뭘 지키겠다는 것인지 한껏 웅크린 자세로
요란하게 코를 곤다 불까지 켜 놓은 채
마치 영역을 표시해 놓고
어떤 접근이라도 막겠다는 맹수의
포효 같다 혼곤한 잠 속에서도
신경 곤두세운 경계의 진땀을 흘리는 것인지
머리칼이 축축하다
뒤틀린 고개 반듯이 고쳐주며
차낸 이불자락도 여며주면서
공연히 내려다보기가 민망하다
가위눌린 듯 거친 잠꼬대까지 하는 걸 보노라면
만만치 않게 버텨는
생선비늘 묻은 전대 같은 그녀의 일상이
어림짐작되기도 하는데 이럴 때 문득

모로 누운 그녀의 꿈속으로 들어가 잠꼬대의
웃음으로나 배어나왔으면 했다

거룩한 적대

목매달아, 몽둥이로 뒈지게 패나서
뒤진 줄만 알고
맘 턱 놓고 터럭을 그슬리는데
느닷없이 그가
벌떡 소스라치며 줄행랑을 치는 것이다

어안이 벙벙한 것도 잠시
냅다 쫓아가 노릿한 비린내를 풍기며
혓바닥 말아 감치며 실실 불러대자
아무 일도 없었다는 듯이
손등을 쓰윽 쓱 핥으며 간지럼까지 태우는 통에
불끈 쥐었던 몽둥일 놓고 말았는데

그리하여 불탄 외양이
사뭇 자생된 그가 새낄 낳고
그 새끼 하도나 앙증스러워 쓰다듬는
내 눈동자와 마주칠 적마다

눈도 못 뜬 벌거숭이의
제 새끼를 물어 자릴 옮기고
또, 그렇게 몇 번씩이나 더 자리를 옮기더니
아예 햇볕도 안 드는
마루 밑 깊숙이 숨기는 감파란 눈자위에
쭈뼛 머리끝 설 만큼의 모골이
송연해지기도 하였다

눈길

폭설이 깔린 길
소형 트럭 몰고 목적지 닿자면
스노체인을 채워야 안심이겠지만
우선 적재함 가득 짐을 채울
일이다 갭직한 짐 싣고
뜻밖의 빙판길 배달 나갈 때
미끄러지고 헛돌고서야
재차 제설용 모래를 뿌리겠지만
무엇보담 바퀴가 견딜 만큼의
윤하중을 받아야 벗어날 수 있듯
이십수 년 족히 복층유리 공장 출하를
도맡아 기사 노릇 하느라
어깨 처지고 등 굽은 까닭도 그렇다
더디었지만 예까지 왔으니
자못 큰 짐을 꿰찼거니와
칼금처럼 그어진 미간의 주름만큼이나
저절로 부들거리는 이 떨림에도

이젠 그리 불편하지가 않다

밥을 빌다

새끼 낳고 신경이 곤두선 개
조심 푯말이 붙어있긴 하였지만
설마하니 내 발목을
물어뜯을 줄은 미처 몰랐다
달포 넘게 비운 집
주인을 언제 봤냐는 듯이
모로 누운 채 축 처진
젖을 빨리다가도 벌떡 몸 일으켜
으르렁거리더니
제 밥을 들고 나오는 어머니의 신발 끄는 소리엔
꼬리 짓이 별스럽게도 요란했다
납작 엎드려 오줌까지 찔끔 지리며
벌벌 기었다 하기야 나도
탱탱 부어오른 발목을 절뚝거리며
바툼한 동네 의원커녕 사장이 바뀐 공장에
직수굿하게 밥 빌러 가는 꼬리뼈가
꿈틀거리던 때 있었거니

부도不渡

근 삼사 년 수소문 끝에 찾아갔다
부드득 이를 갈며 외상미수금을 받으러 간 날이었다
산벚꽃이 한창인 그 집에는
겨울 난로가 그대로였고
허릴 다친 것인지 몸져누운 놈의 똥오줌 기저귀를 갈아 주던 여자
마른 젖가슴을 빨던 애가 참 애처롭게 울어댔다
하염없이 생쌀을 씹어 젖인 양 물리던 쌀뜨물처럼이나
눈썹 하얘지도록 말도 못 꺼냈다
바짓가랑이라도 붙잡고 늘어지고 싶었으나 핏발 선 눈알 부릅뜨고
멱살을 움켜쥐며 으름장도 놓고 살살 구슬리며 달래도 보고 싶었으나
문가에 쌀 한가마니만 슬쩍 부려놓고 홀쩍 떠나왔다

전직

자정쯤 일 나갔다가
갓밝이 때에야 들어온 아내가
차려놓은 아침 밥상에
조촐한 김밥 두 줄
삐뚤삐뚤 해도
졸면서 칼질한 그 야윈 손으로
참기름 바르고
깨알 뿌린
지극정성 스쳐간 아내의
일당 봉투에서 용돈 타 쓰기가
괜히 멋쩍어
수나롭게 돈 벌어온다 큰소리쳤다가
근로자 대기소에서도 퇴짜 맞고
시내버스 몇 정류장을 걸어 왔으니
여하튼 돈을 벌긴 벌었다

어떤 일성

개구진 장난감마저
차압딱지가 붙었다
벽에 붙은 아이의 그림 속
우주복 차림의
해맑은 여자가
풀 죽은 채 울다가
문득
장롱 빼다지를 뒤져
복권 한 장 극구 찾아내더니

딱지 안 붙었다!

궁극

깨진 수족관에서 쏟아진
은빛 날내의 햇살이 파닥파닥 튀긴다

몸을 연신 뒤틀며
바닥을 짚고 이는 절대절정의 순간이
바닥을 후려칠 때라니
사정없이 길바닥과 맞부딪칠 때였다니

집 잃고
한 번쯤 맨바닥에 나동그라져
부딪쳐 볼 일이다 필사의 몸부림이
저렇게나 눈부시다

한겨울 길바닥 나앉아
어느새 바닥이란 바닥을 다 쳐대는 여자의
발, 바닥에서도 이런 날내가 풍긴다

별똥

복덕방 거치지 않고
수돗물도 숨차 못 다 오른 산 번지의 골목길을 들어서는데 별 하나가 툭, 이울었습니다

칠흑하늘에 빈방 하나 났다고 아내가 애써 좋아라합니다

먹이

폭삭 늙어버린 것 같다
뒤통수 다쳐
죽음의 예행연습 한 번 하고 났더니
온몸이 텅텅 비어 있다
밤낮없이 산책하던
숲길이 내다보이는 거실
쭈그려 앉아 식후 약 먹다
거연히 오래된 수령의 가랑나무 우듬지
새둥지가 달리 보인다
노란 주둥이가 미어져라
벌레를 받아 삼킨 새끼 두서넛
쥐죽은 듯 납작 엎드린 걸
진통제 의지해 대하니
이렇게 다행인가 싶고, 홀몸이 아니라는 것
내 안에 누군가를 키우고 있다는 생각이
부쩍 든다 앓으면서도 발열하는
이 빌어먹을 생각

먹이 하러 나가봐야겠다!

은연중에 하나마나한 생각

시향 지내러 종중산 갔다가
춘란 몇 촉 캐
볕이 잘 드는 거실에 모셨다
매일 같이 집안 어른들
좌정하고 계신 양
여쭙는 문안도 문안이거니와
홀연 꿈속에 나타나
복권당첨번호도 좋고
아니면 그 흔한 길몽 하나쯤
계시해 주실까도 싶어
정성스레 분수병 뿌려댔지만
어느 상서러운 조상님 한 분
나타나지 않았다

산토끼

숨이 턱에 닿아 눈자위가
온통 붉다 빚보증 섰다가 차압당해
한겨울 거처 잃고
하루끼닛거리조차 못다 빈
술 취해 동맥을 확 긋고 싶은
노숙의 꿈속에까지 쫓겨
신체 포기 각서를 써주던 나는
소낙눈 몰아치는
산속 벼랑에로 내몰린 채
숨만 간당간당 붙은 아사 직전의 육질을
상질로 쳐주는 산토끼
미식가라도 되는 양
입탐을 부리는 께복쟁이 친구 놈한테
신장 콩팥 간까지
다 떼어주고
적설에 찍힌 족적을 바투 뒤쫓기는
나는 또, 무얼 떼 주지?

빚

이젠 빚이 없다 이게 나를 불안케 한다
집달리가 와서 곳곳에 붉은 딱지를 붙이고도
모자라서 다달이 월급 타서 갚고 퇴직금 받아서 갚고
일용의 날품을 팔아 갚아갈 때
차라리 나는 흉중에 칼을 품듯 독기를 품었다
보증선 돈이며 한겨울 압류된 집을 찾겠다고
팔뚝 생살에 바늘 찔러 물감을 넣어 새긴
푸르뎅뎅한 필사의 글귀처럼이나 퍼런 서슬이
나의 생활이고 나를 버티게 한 힘이었다
간단없는 신용정보회사 독촉의 으름장만큼이나
잔뜩 벌컥거리는 불가슴에
냉수 한 사발 들이키듯 파산도 신청하고
용케 법원으로부터 면책을 받았어도 마음은 늘 불안했다
이젠 갚을 빚이 없다고,
혹독하게 오래된 친구 하나 잃었다고 여겨지자
온몸의 맥이 다 풀렸다
풀렸으나 그나마 빈 호주머니를 탈탈 털어

슬그머니 촌정을 밀어 넣던 지기도 있었으니
그래서 재는 것 없이 갚아할 빚이 남았다고 생각하니
누추한 생활이 비로소 견디어지는 거였다

흉터

금 머금은 대형유리원판을 들어낼 때
둘이서 등을 꼿꼿이 세우고 한 발 한 발 옮길 때
한 사람은 앞으로 가고
또 한 사람은 뒷걸음치며 걸어갈 때
어느 하나가 채 몇 걸음도 떼기 전에 휘청 허리를 굽힐
때
다 온 것 같다고
선뜻 판유리를 내려놓을 때
금은 반드시 중심을 기우는 쪽으로 그어진다
예리한 칼날처럼 깨진 유리파편은
먼저 잽싸게 도망치는 쪽으로 쫓아가듯 와장창 쏟아진다
몇 번이나
상처가 생기고 나서야 알게 된 일이다

제5부

싸락눈

조릿대 이파리가 소란터니

뒤란 대밭
왁자한 참새 소리
딱 멈춘다

감쪽같이
고요한 밤저녁을 스미듯

사락사락 잠행해서
설핏 잠든 사이

간댕간댕한 쌀항아리 밑을 긁는

바가지 소리

압살

착 달라붙었다
활자보다 작은 벌레를
훅 불어내는데
좀체 떨어지지 않는다
불면 또 멈추고
침방울까지 튀기며 또 불면
잔뜩 움츠리고 멈춰서
책장을 붙잡았다 악착같이
악착같아야
바닥이라도 긴다는
이 속수무책의
단순한 저항을 떨쳐내다
마침내 손톱으로 으깨놓고도
묘하게 낯설지가 않는 나도
나지만 벌레의
절반쯤 으깨어진 몸
더욱 바짝 붙었다 선연하리만치

눌러 붙어 바닥이 되었다

조선대정문 앞 사회과학 서점을 할 때

1

조선대정문 앞 사회과학 서점을 할 때
정보과 형사 몇몇이 들이닥치기 전의 일이다
이적표현 문건을 숨길 데는 마땅치 않고
급한 김에 냅다
책 사러온 여대생 아랫도리 바지 속에다 쑤어 넣었다
이 잡듯이 구석구석을 다 뒤졌으나
눈썹도 까닥하지 않았다

여대생이 얼얼하게 나의 귀싸대기를 후려치고
재게 뛰쳐나간 뒤였다

2

대학 동기모임 나갔다가
듣기 좋은 말 한답시고
시인하고 살면 사는 게 다 시가 아니겠냐고, 그러자

내심 속이 불편해진 아내가
조선대정문 앞 사회과학 서점을 할 때
확, 성추행범으로 처넣어버릴 걸 여태 데리고 산다며
분하다는 듯이 눈 흘기며 쏘아보았다

꿀밤

추격해오는 형사를 따돌리려다 그만
청과물 진열 좌판을 냅다 건드렸나봅니다
얼핏 보기에 여러 개의 사과가 떼굴떼굴 굴러가고
서너 무더기 바나나며 과일 등속이
길바닥에 쏟아졌나봅니다
미안해서 슬쩍 뒤돌아보니 글쎄
행상여자가
미끄러지듯 홀라당 뒤로 자빠져 엉덩방아를 찧는
형사 아랫도리를
대차게 붙잡고 늘어지고 있지 뭐입니까
웃음이 절로 나서
한참을 웃으면서 도망쳐보기는 난생 처음이었습니다만
웬수는 외나무다리에서 만난다고
나는 대공 분실 조사실에서 덤터기 쓴 과일값 물어내놓으라고
닦달하는 형사의 꿀밤을 얼마나 맞았던지
지금도 그 생각하면 이마머리가 얼얼해지며

왜 그렇게 웃음은 또 뛰어나오는지

고약한 사이

욕부터 튀어 나온다
앙잘앙잘 옛일 돌이켜보면
일계급 특진이 걸린
현상수배전단
점퍼 안주머니 깊숙이 구겨 넣고
밤마다 잠복하던
말단형사 꼴통 새끼!
이따금 술 취해 와서
빨갱이자식 내놓으라고
가살스럽게 눈알 부라릴 적마다
봉선화 우북한 뒤란
장독대에 한껏 웅크렸다는
엄니를 생각하면
우수수 만정이 다 떨어지는
개 같은 놈의 새끼!

상스럽다 하신다 어머니는

아가, 깨복쟁이 불알친구들끼리 그러면 못 쓴다며
되게 나무라신다

벌충

교도소 면회 와선
나, 니 애비 아니고, 너는 이제 내 새끼 아니다
단호히 의절해 버린 아버지가
수형을 기소하던 검사
그것도 당신이 훈육했던 제자한테 체면아랑곳하지 않고
사정사정 빌고 와서
齒를 떨다가 빠져버린 어금니

한동안 해 박지도 않았다
뭔 맘을 먹고 그러는지 환갑이 넘어서는
유제 부끄럽다, 하면서도
늦둥이까지 덜거덕 보시더니
대차게 본가마저 헐어 그 늦둥이의 치과를 개업시킨 날에는
적이 안심하는 눈길로
보란 듯이
비싼 금니를 주문하는 것까지는 좋았는데

휘황찬란한 조명등 아래서
아버지의 이빨 본을 뜨는 늦둥이의 뒤태가
왜 그렇게 내 속을
욱신욱신 들쑤시는 건지 나는
(환갑이 넘어 낳은 자식은 그림자도 없다는,
힘에 부쳐 얻은 자식이라서 그렇다고 하는 속설을 들었다)
아예 치과 근처를 에둘러 다니다가 늦둥이한테 들켜
온당치 않은 곡해를 여러 번 받기도 했다

알량한 본색

뭘 급히 쓰다 말고 감춘다
민주화운동 관련자 증서와 함께
일당 40,108원씩 쳐서
구금당했던 일수를 보상해주는
생활지원금 신청서
딸애의 튀어나온 하악 턱의
뻐드렁니 교정은 고사하고
대안학교 기숙사비도 얼마 간 밀렸을 터
어림짐작 헤아렸던 목돈에
흔들렸던 맘을 들킨 것 같아
잠시 민망해진 아내가
면전에선 내색 못하고
뒤돌아서 혼자 구두덜거린다
남들 다 하는데 저만 아닌 척 하면
누가 알아주기나 하냐고
그걸 꼭 지킨다고 해서 반듯한 법이냐고
들큰거리다가, 입방아가 지나쳤나

싶었는지 물끄러미 살펴오는 눈치를
어물쩍 받아넘긴다

홍매화盆

있는 줄도 몰랐는데
오롯이 망울졌다
이삿짐 부린 방 안이 빼곡해서
못다 들여놓은, 아니
내팽개치듯 버린 것이었는데
북향 그늘이 드리워진 은비한 응달에
오종종 맺혔다
붉은 줄 선명한 신원조회 떼어보고
사흘 낮 사흘 밤을 괴로워하던
장인어른이 제금난 신접살림 한편에
슬그머니 보내준 홍매화 한 그루
철삿줄 칭칭 파고들어도
강파른 나뭇가지 수형을 바꾸며
한두 자쯤 더 키우고 몸피 두세 치 더 불린
매향까지 진동하였으니
그 좋아하시는 매실주 한 병 받아들고
때늦은 혼행을 나서볼거나

어떤 문상

조선대 정문께서 사회과학서점 열고
판매 금지된 이적 표현물을
짱박아서 팔던 때다
수시로 손님 가장해 들락거리다
드잡이하던 끝에 징역 살게 했던
만정이 다 떨어진 이 작자에게
한 번은 애인이 싸온 점심밥 같이 먹자고
마음에도 없는 선심을 부렸더니 글쎄,
사양하기는커녕 냉큼 달라붙어
천연덕스럽게 밥을 축내는 거였다
그러고는 한동안 발길 뜸해져
한편 궁금하기도 했는데 뜻밖에
새물내 정장 말쑥한 그가 내 혼례식장 귀퉁이에
조용히 앉아 있는 것을 보고
와들짝 놀라기도 했었는데
얼마 전 이 작자의 부음 소식 전해 듣고
살그머니 문상을 다녀왔다

횡액

그렇게밖에 별다른 방법이 없었겠다
느닷없이 의병 제대한 형의 병색이 완연해지자
그걸 생약처럼 집 안팎에 골고루 심을 수밖에
없었겠다 아버지는
왜자하던 종갓집제사도 작파해버리고
귀신도 기겁해 피해간다는 그 나무를 심고부터
도화양반이란 택호를 얻기도 했지만
언젠가 분수대가 보이는 남쪽의 도청소재지에서처럼
목이 터져라 군가를 부르며 잔뜩 군기라도 잡힌 듯
살기등등하게 총검술 자세를 취하던 형이
다소곳이 얌전해진 것도 그때부터랄 수 있었다
귀신 씌었다 할 뿐 밤새껏
신칼을 휘두르는 군웅복식의 당골네조차
도무지 알 수 없는 병색에 핏방울같이
선명한 이 나무의 꽃을 꺾어 등짝을 후려칠 수밖에
없었겠다 아버지처럼 내가
할 수 있는 건 이 꽃을 무척 좋아하는 것

이건 말고는 별 수 없던 시절에 그 놈의 귀신도 데려가고,
형의 상관인 전직대통령을 체포하려갔다가 감옥 살던
내 징역의 독도 짊어지고 간다고
쥐약을 먹었다 서른 해나 넘게 도진 병색을
형은 비로소 무찔러버린 것이다

창궁

제트기가 빗금을 확 그어대며 지났다

빗금의 흠집이 제 몸을 가라앉히며 스미듯이 퍼지는 동안
선회하던 솔개도 무슨 생각에 잠겼는지 발톱을 가슴에 품고 가만히 떠서 정지비행중이다 제 깃털 같은 날들의 흠집을 다 읽는 건지 한동안 날개 짓도 없이 꿈쩍도 않는다

상처가 희니 하늘은 더욱 높푸르고
어디에도 꿰맨 자국이 없다

부질없이 할퀸 자국 여럿인 내가 홀로 자병을 삭힐 차례가 되었다고 여겨졌다

□ 해설

상처와 능청과 자유

박수연(문학평론가, 충남대 교수)

「횡액」과 「창궁」을 읽고 시집을 되짚어 「흉터」를 읽는다. 첫 시집 『슬그머니』가 작고 사소한 것들에 대한 헌사라는 사실을 독자들은 이미 알고 있을 것이다. 때로는 아련한 기억의 존재들이 내뿜는 순결에 사로잡히고, 때로는 퇴색하는 존재들의 어떤 능청에 바쳐지는 그의 시들은 이번 시집에서는 스스로의 목소리들에 실려 좀 더 자유로워진 듯 보인다. 그 자유는 그러나 위의 시들을 읽고, 그리고 그 시의 바탕에 깊은 흉터가 있음을 아는 사람에게만 제대로 진동을 가져다 줄 자유이다. 우선 「창궁」을 본다.

제트기가 빗금을 확 그어대며 지났다

빗금의 흠집이 제 몸을 가라앉히며 스미듯이 퍼지는 동안
선회하던 솔개도 무슨 생각에 잠겼는지 발톱을 가슴에
품고 가만히 떠서 정지비행중이다 제 깃털 같은 날들의 흠
집을 다 읽는 건지 한동안 날개 짓도 없이 꿈쩍도 않는다

상처가 희니 하늘은 더욱 높푸르고
어디에도 꿰맨 자국이 없다

부질없이 할퀸 자국 여럿인 내가 홀로 자병을 삭힐 차례
가 되었다고 여겨졌다

—「창궁」 전문

부질없는 상처를 가진 존재는 인간이다. 아마 제 삶의 흔적 전체를 짊어지고 아픈 흉내에 사로잡히는 존재도 인간일 것이다. 시는 그 인간의 과장에 대응하는 존재로 조용히 제 상처를 응시하는 솔개를 그려놓는다. 지난 시간 속의 상처에 의해 규정되는 것은 인간만이 아닌데, 「창궁」은 이렇게 엄살 부리는 인간과 더 큰 세상의 지긋한 자세를 보여줌으로써 '상처'의 의미를 새로 만든다. 이제 상처는 흔히 생각하는 상처가 아니다. 왜 그런가.

조성국의 시가 세상에서 숨결을 부여받은 모든 생명들에 대해 지극한 섬김의 마음을 가지고 있다는 것은 아무리 강조되어도 지나치지 않다. 시집 『슬그머니』에서부터 시인은 지난 시간의 주인공들이었으되 이제는 기억의 구성물들로서만 존재하는 것들에 시적인 목숨을 불어 넣는다. 그것들은 잊혀지거나 변두리에 몰린 존재들이다. 시인은 집요하게 그 존재들을 상기시키고, 그 기운에 힘입어 세상의 모든 기억들이 되살아난다. 이런 의미에서 그의 시집은 부드러우나 집요한 생명의 탄생처이기도 하다.

이 인간—비인간의 영역을 두고 벌어지는 평등 운동을 주목하는 것도 중요하지만, 그것의 근원에 육박하기 위해서는 생명의 평등이라는 이념을 넘어서는 데로 나아가야 할 것이다. 조성국의 시가 세상에 존재하는 것들의 평등한 관계를 주장하고 있음에도 불구하고 그의 시의 주체성을 형성하는 것이 모종의 상처라는 사실에는 변함이 없다. 트라우마가 주체를 만든다는 점에서 보면 더 그렇다. 그는 결코 잊을 수 없는 지병을 상처로 갖고 있는 사람이다. 「창궁」이 그 지병을 가진 자가 속한 장소에 대한 하나의 풍경화라면 「횡액」은 그것의 역사화이다.

> 그렇게밖에 별다른 방법이 없었겠다
> 느닷없이 의병 제대한 형의 병색이 완연해지자

그걸 생약처럼 집 안팎에 골고루 심을 수밖에
없었겠다 아버지는
왜자하던 종갓집제사도 작파해버리고
귀신도 기겁해 피해간다는 그 나무를 심고부터
도화양반이란 택호를 얻기도 했지만
언젠가 분수대가 보이는 남쪽의 도청소재지에서처럼
목이 터져라 군가를 부르며 잔뜩 군기라도 잡힌 듯
살기등등하게 총검술 자세를 취하던 형이
다소곳이 얌전해진 것도 그때부터랄 수 있었다
귀신 씌었다 할 뿐 밤새껏
신칼을 휘두르는 군웅복식의 당골네조차
도무지 알 수 없는 병색에 핏방울같이
선명한 이 나무의 꽃을 꺾어 등짝을 후려칠 수밖에
없었겠다 아버지처럼 내가
할 수 있는 건 이 꽃을 무척 좋아하는 것
이것 말고는 별 수 없던 시절에 그 놈의 귀신도 데려가고,
형의 상관인 전직대통령을 체포하려갔다가 감옥 살던
내 징역의 독도 짊어지고 간다고
쥐약을 먹었다 서른 해나 넘게 도진 병색을
형은 비로소 무찔러버린 것이다

—「횡액」 전문

"분수대가 보이는 남쪽의 도청소재지"가 시의 소재로 등장한 적은 많지만, 「횡액」처럼 그 소재의 결과가 반대로 나 있는 경우는 드물다. 광주항쟁에서 진압군 쪽에 서 있었던 것으로 보이는 형의 삶이 그렇다. 시인은 그 형의 생애를 치유되지 않는 상처의 그것으로 만들어놓는다. 여기에는 복잡한 의미의 갈래들이 들어있다. 우선 시인은 광주항쟁의 시선을 반대 방향에서 잡아 놓는다. 그것은 가해자의 상처를 통해 바라보는 방향이다. 전혀 예상치 않았던 역사 구부리기 효과가 이때 나타나는데, 상처 입은 가해자가 실은 피해자와 동일한 고통을 겪고 있다는 사실이 그것이다. 이것을 그러나 심오한 시적 인식이라고까지 할 수는 없을 것이다. 사람들도 이제는, 시인이 가해자의 고통에까지 마음을 흘려보내듯이, 역사적 사건을 바라보는 저 웅숭깊은 시선을 갖고 있는 것이다. 대신 시는 가해자의 그 고통이 아직 해결되지 않은 역사적 사건에 대한 현장 증언임을 잘 보여준다. 형은 여전히 그 현장에 있고, 그 결과 그것의 해결책이 죽음일 수밖에 없는 시대를 우리는 살아가고 있는 것이다. 그것이 "핏방울같이 선명한" 고통을 여전히 간직한 사람들의 삶이기 때문에 '횡액'이라는 말이 부려놓는 무게감은 이루 말할 수 없는 것이기도 하다. 아직도 죽음만이 해결할 수 있는, 운명이기도 하고 운명을 압도하는 힘이기도 한 모종의 사건이 해결되지 않은 채 있어서 형을 데려갔던 셈이다.

그 죽음에 대해 '병색을 무찔러 버린 행위'라고 묘사할 때 시인에게는 이제 죽음마저도 포함해 모든 것을 초월할 수 있는 능력이 생긴 것일까? 만일 그렇다면 그것은 상처를 상처라고 말함으로써 그것을 하강시키기보다는 노래하듯이 상승시키는 행위일 것이다. 그의 시가 자주 능청과 해학의 언어로 이루어지는 이유가 이와 연관된다고 할 수 있다. 그리고 그 능청과 해학은 자연히 구속된 삶을 풀어 놓는다. 이런 시적 자유가 누구에게나 가능한 것이 아니기 때문에 그 '상처—능청—자유'의 전개를 잡아주는 터전이 어디에서 오는가를 따져볼 필요가 있다.

> 금 머금은 대형유리원판을 들어낼 때
> 둘이서 등을 꼿꼿이 세우고 한 발 한 발 옮길 때
> 한 사람은 앞으로 가고
> 또 한 사람은 뒷걸음치며 걸어갈 때
> 어느 하나가 채 몇 걸음도 떼기 전에 휘청 허리를 굽힐 때
> 다 온 것 같다고
> 선뜻 판유리를 내려놓을 때
> 금은 반드시 중심을 기우는 쪽으로 그어진다
> 예리한 칼날처럼 깨진 유리파편은
> 먼저 잽싸게 도망치는 쪽으로 좇아가듯 와장창 쏟아진다

몇 번이나
상처가 생기고 나서야 알게 된 일이다

—「흉터」 전문

유리판을 옮길 때의 팽팽한 긴장이 파국으로 전개되지 않기 위해서는 그 긴장의 끈을 놓지 않아야 한다. 요컨대 삶은 끝까지 대결하는 자의 몫이다. 그렇지 않은 사람에게 삶은 상처로서만 남을 뿐이다. '먼저 무게를 내려놓는 사람' '먼저 도망치는 사람' 에게는 유리파편 같은 공격이 먼저 도달하기 마련이어서, 결국 제가 먼저 흉터를 지니게 된다는 것. 이런 상처론은 조성국의 시가 세계와 대결하면서 얻게 된 지혜의 밑거름과도 같은 것일 것이다. 무릇 하나의 지혜는 세계와 맺는 관계를 고정성보다 부드러움 쪽으로 훨씬 기울여놓기 마련이다. 그래서 여기에는 경직된 삶을 몇 번씩 뒤집어 새롭게 만들어 놓는 과정이 포함된다. 이 전도되는 삶의 새로움이 지녀야 할 거의 모든 것을 조성국의 시는 가지고 있다. '상처—능청—자유' 가 그에 관한 많은 할 말을 지녀 가지고 있어서 그의 이번 시집에 편재되고 있는데, 가령 위의 시만 해도 그 사태에 대한 시적 인식을 잘 보여주는 것이다. 이를테면 대상에서 풀려나기 위한 행동은 그 행동의 주체를 영원히 그 대상과의 연루 속에 가두어놓는다. 시집은 이런 방식으로 여러 차례 시인이 이룬 시적 인식을 뒤집는다. 상처가 능청에 의해 뒤집히고, 그 능청이 다시 구속에 대한 자유로 이어지는 과정에는 삶에 대한 끈질긴 대결과 해방이라는 이중 과제가 자리 잡고 있는 것이다. 대결이 일종의 묶임이고 해방이 일종의 풀림이 된다는 의미에서 더 그렇다. 그렇다면, 이 이중적 방향의 긴장이 해결될 수 있는 길은 없는 것일까? 아마 없을 것이다. 왜냐하면 세상 자체가 그 긴장의 소산일 것이기 때문이다. 세상은 모든 것을 끌어안고 있는 곳이다. 세상은 자신에게 들어와 있는 그 어느 것도 배척하지 않는 곳이다. 세상은 대지모신 자체이다.

그런데 시인은 이렇게 자신이 맺은 관계로서의 삶에 대한 끈질긴 연루를 도모하면서 그것을 언어화하는 사람이다. 이때 시인을 언어의 보호자이거나 복원자라고 하는 말은 허투루 있는 것이 아니다. 오래된 존재에 대한 애정은, 곧 낡아버렸으나 여전히 생명을 갖고 있는 대상에 대한 사랑과도 같은 것이다. 조성국의 시에서 독자들이 압도적으로 경험하게 되는 것은 그의 시가 실현하는 고유어들의 모습이다. 이것이야말로 오래된 것에 대한 극진한 애정의 소산일 것이다. 「윤슬」처럼 의도적으로 선택했음직한 고유어라고 할 만한 언어들이 자주 눈에 띄는데 이 또한 유사한 심성적 원리의 결과이다. 그 한편으로 사소하여 외면되는 존재들에 대한 관심도 눈여겨볼 만하다. 「자벌레」도 그렇지만 「이런 소요」는 대표적이다.

문득 이 길이
들릴 듯 말 듯 사운거린 울음들이
드나들던 통로라 여겨진다
한량없이 울어 예는
야행성 맹금류의 사연을 익히 새겨듣는 동안
수없이 내게 찾아왔다가 되돌아갔던
날벌레 소리들, 가등街燈에 부딪쳤다가
바닥에 새까맣게 떨어지기도 했던 울음들이

―「이런 소요」 부분

인용부분에서 빠져 있지만, "이 길"은 "오불꼬물 자드락길"이다. 이 길에서 모든 생명들이 제각각 소리를 내는데, 그 소리들 사이에 문들 날벌레소리가 끼어드는 것이다. 그 소리는 그런데 예전에는 미처 듣지 못했던 소리이다. 소리가 아예 없지 않았으되 시인이 들어주지 않아 소멸될 뿐이었던 그 소리가 지금 문득 시인의 눈과 가슴을 친다. 더구나 그 소리가 시의 후반부에서는 시인의 심장을 뛰게 만드는 능력을 발휘하는데, 그것을 결국 "소요"라고 표현하는 시인의 심리가 이채롭다. 크고 우렁찬 소리가 아니라 작고 힘없는 소리가 소요가 되는 세상을 시인은 살고 있는 것이다. 설령 지금 그 작은 소리들이 들려오지 않는다고 해도 시인이 끝내 소망하는 것이 바로 그것들의 소리일 것이다.

이것이 곧 시인이 세계를 바라보는 마음이다. 이것은 끝까지 자신의 삶의 조건을 놓아버리지 않는 태도이기도 하다. 이 대결의 태도가 곧 세계로부터의 자유를 불러온다고 할 수 있다. 그 사이에 능청이 있고 긴장이 있다. 큰 소리만 있는 것이 아니라 작고 낡은 것들의 소리도 있다. 이를테면 여기에는 모든 것이 있다. 앞에서 말했듯이 이 세계는 대비되는 모든 존재들이 서로 얽혀 뒤집히고 긴장하면서 능청스러워지는 세계이다. 그런데 따지고 보니 이 세계가 곧 어머니의 세계인 것이다. 그는 앞선 시집 『슬그머니』에서 그 어머니의 노동하는 손을 일컬어 "행간 자간이 완벽한 푸른 여백의 시"라고 했다. 이번 시집에서는 그 어머니가 자유자재한 존재 그 자체이다. 어머니는 베푸는 존재이고(「부삭에 관한 기억」), 모든 생명의 제왕이기도 하며(「밥을 빌다」), 사회적 갈등을 우정의 정치학으로 풀어내는 정치가이기도 하다(「고약한 사이」). 그렇지만 무엇보다도 시인에게는 이런 어머니가 눈에 밟혔을 것이다.

아버지가 머리를 남향에 내려놓으시면
어머니는 머리를 북쪽으로 내려놓고 잠이 드신다
내 생애보다도 훨씬 오래인

이 가궁한 잠을 드셔야만 편안해 하신다

—「어버이의 잠」 부분

아마 세상의 모든 아들들이 보고 싶은 모습이었을 것이다. 그렇지만 이것은 행복한 시인의 목소리가 아니다. 가난한 가족사의 숨겨진 이야기가 함께 누워있는 방에서 보는 어머니의 편안한 잠이란 대부분 아들이 미안한 마음으로 보는 어머니의 모습일 수밖에 없다. 진실로 "가궁한 잠"이 편안하다고 여기는 것은 아들이 소망하는 바일 것이다. 아니, 그렇게 생각하려는 것이 세상의 모든 아들들의 소망일 것이다. 누가 육친을 계속 그 좁디좁은 방에 두려 하겠는가.

그런데 그곳이 어머니의 방이기 때문에 그곳은 바로 세상의 모든 장소이기도 한 것이다. 발을 쭈욱 뻗을 공간이 없는 곳이 바로 세계라면, 이 세계는 모든 존재들이 몸을 겹쳐 누이는 장소이기도 하다. 울다가 지쳐 바닥에 떨어지기도 하면서, 몸들을 겹쳐 놓으면서, 끊임없이 소요를 일으키는 존재들의 공간이 어머니가 누운 방이다. 아들이 그곳에 편히 누운 어머니를 본다. 시인의 시선이 존재들의 얽힘과 전도를 통해 자유로 나아가듯이 어머니가 그곳에서 타자를 위해 스스로를 좁힌 몸으로 자유로워진다. 그렇다면 세상의 사소한 목숨들을 지극한 시선으로 바라보는 시인의 시선은 어머니의 몸으로부터 온 것일까. 그렇다고 해야 하리라. 그래서 그 시선으로 세상의 모든 아들들이 가궁한 잠 속에서 편안해지는 때를 드디어 제각각 만나야 할 것이다. 그리고 그 바람 속에서 세상의 모든 아들들이 어머니가 되는 때가 곧 올 것이다. 이 말을 시인의 어머니에게 바치지 못하니 그게 미안하고 슬플 뿐이다. 이 상처가 시인에게 어찌 능청을 건너 자유가 될 수 있을 것인지 아득하다.